BEI GRIN MACHT SICH IHR WISSEN BEZAHLT

- Wir veröffentlichen Ihre Hausarbeit, Bachelor- und Masterarbeit

- Ihr eigenes eBook und Buch - weltweit in allen wichtigen Shops

- Verdienen Sie an jedem Verkauf

Jetzt bei www.GRIN.com hochladen und kostenlos publizieren

Tammy Terstegge

Buddhismus. Erläuterung einer Weltreligion

GRIN Verlag

Bibliografische Information der Deutschen Nationalbibliothek:

Die Deutsche Bibliothek verzeichnet diese Publikation in der Deutschen National-bibliografie; detaillierte bibliografische Daten sind im Internet über http://dnb.d-nb.de/ abrufbar.

Impressum:

Copyright © 2014 GRIN Verlag GmbH
Druck und Bindung: Books on Demand GmbH, Norderstedt Germany
ISBN: 978-3-656-67427-6

Dieses Buch bei GRIN:

http://www.grin.com/de/e-book/274442/buddhismus-erlaeuterung-einer-weltreligion

GRIN - Your knowledge has value

Der GRIN Verlag publiziert seit 1998 wissenschaftliche Arbeiten von Studenten, Hochschullehrern und anderen Akademikern als eBook und gedrucktes Buch. Die Verlagswebsite www.grin.com ist die ideale Plattform zur Veröffentlichung von Hausarbeiten, Abschlussarbeiten, wissenschaftlichen Aufsätzen, Dissertationen und Fachbüchern.

Besuchen Sie uns im Internet:

http://www.grin.com/

http://www.facebook.com/grincom

http://www.twitter.com/grin_com

Wilhelm-Raabe-Schule Lüneburg

Seminarfach: Philosophie und Gesellschaft

2. Halbjahr Q1 2013/2014

Facharbeit

Buddhismus

Erläuterung einer Weltreligion

Tammy Terstegge

17.03.2014

Inhaltsverzeichnis

1. Einleitung

Der Buddhismus hat seit Anfang des 20.Jahrhunderts vor allem in Europa und den USA an Popularität stark zugenommen. Er wird teilweise als Trendreligion bezeichnet und obwohl die Masse der westlichen Anhänger wenig über geschichtliche und philosophische Hintergründe weiß und den Buddhismus eher als Alternative zum Christentum sieht, hat er längst einen Platz in den verschiedensten Wissenschaften gefunden.[1]

Die Diskussion, ob man den Buddhismus als Religion oder als Philosophie betrachten sollte, werde ich hier unberücksichtigt lassen, denn sie müsste zum richtigen Verständnis sehr ausführlich ausfallen und würde trotzdem zu keinem kompromisslosen Ergebnis führen. Vielmehr werde ich dort wo es möglich ist die allgemeingültige Lehre des Buddhismus untersuchen. Es ist anzumerken, dass die Ausbildung von Unterschulen und das Fehlen einer übergeordneten Kontrollposition zu unterschiedlichen Auslegungen und Durchführungen der Lehre innerhalb des Buddhismus geführt haben. Bei den zwei Untersuchungsfeldern, der Praxis und der Theorie, werde ich den Fokus auf Letzteres setzen.

2. Verständnisgrundlagen und Einordnungshilfen

2.1 Der historische Buddha

Die Lebensdaten von Siddhartha Gautama, welcher weitgehend als Buddha (Erleuchteter) bekannt ist, werden traditionell auf ungefähr 560-480 v. Chr.[2] festgesetzt. Als Sohn eines wohlhabenden Regenten erkannte er auf seinen Ausflügen aus den Palästen die Allgegenwart von Alter, Krankheit und Tod. Daraufhin verließ er seine Familie und wurde Asket. Diese Tätigkeit erbrachte ihm nicht das erwünschte Heil, sodass er sich nach sechs Jahren von ihr abwandte. Unter dem Bodhi-Baum (bodhi: Erleuchtung) erinnerte er sich meditierender Weise an seine eigenen vorangehenden Geburten, erlangte die Erkenntnis der Beeinflussung der Geburtenfolge durch das Karma und erfuhr die vier Wahrheiten mit ihren Inhalten:

1. Das Wesen des Leidens
2. Die Ursache des Leidens
3. Die Aufhebung des Leidens (ist möglich)

---

[1] Vgl. Mensching, Buddha und Christus, 227.
[2] Aufgrund der Gebräuchlichkeit werde ich den Ausdruck „vor Christus" für Zeitangaben verwenden, obwohl viele Schriften, die sich mit anderen Religionen beschäftigen aus Distanzgründen „vor unserer Zeit" gebrauchen.

4. Der Weg zur Aufhebung des Leidens[3]

Nach dieser Erleuchtung und dem Beschluss die Heilsbotschaft zu verkünden[4] hielt er seine erste Predigt in Benares (Uttar Pradesh, Indien). Bis er mit achtzig Jahren den Tod fand, widmete er sein Leben der Funktion des „Wegweisers" für seine Jünger. Berichte über eventuelle Wundertaten oder außergewöhnliche Ereignisse sind kaum vorhanden; viel eher existieren Texte, die besagen, dass Buddha Wunder ablehnte.[5] Es ist noch zu sagen, dass Buddha für die Buddhisten keineswegs eine ähnliche Rolle spielt wie Gott oder Jesus für die Christen. Allgemein wird der Lehre, die Buddha verkündete, sehr viel mehr Bedeutung beigemessen als dem historischen Buddha selbst.[6]

2.2 Entwicklung und Verbreitung

2.2.1 Anfänge der Ausbreitung

Der Buddhismus hatte seinen Ursprung im Nord-Osten Indiens, im heutigen Varanasi. Von dort aus verbreitete sich seine Lehre in ganz Indien.[7] Maßgeblich für die Verbreitung verantwortlich war ein König namens Ashoka, der im dritten Jahrhundert vor Christus über fast ganz Indien herrschte. Obwohl er den Buddhismus nicht zur Staatsreligion erhob und andere Religionen, zum Beispiel den vorherrschenden Hinduismus, nicht bekämpfte, sorgte er für eine Ausbreitung des Buddhismus in Indien. Außerdem entsandte er Mönche und Reisende, um die Lehren auch außerhalb seines Landes zu verbreiten. Der Buddhismus gelangte zunächst nach Sri Lanka und zumindest in Ansätzen nach Griechenland.[8] Auch Myanmar, Laos, Thailand, Kambodscha, Südvietnam und Indonesien wurden auf diese Weise erreicht.[9]

Im 2.Jahrhundert nach Christus gelangte der Buddhismus über die Seidenstraße, einem bekannten Handelsweg, nach China, dessen Traditionen durch den Daoismus und den Konfuzianismus geprägt waren.[10] Auf den Daoismus konnten die Buddhisten gut aufbauen, da dieser die Gesellschaft kritisierte und den Menschen nicht positiv von der Natur hervorhob. Auch in die chinesische Philosophie konnte der Buddhismus sich eingliedern, da er Fragen zur Verfügung stellte, deren erkenntnistheoretischer Charakter für die Chinesen

---

[3] Die vier Wahrheiten werde ich in Kapitel 3.2, die Karmalehre in 3.5 erläutern.
[4] Um diesen Beschluss rankt sich eine Legende, die man u.a. in Mensching, Buddha und Christus, 50f. nachlesen kann.
[5] Vgl. Mensching, Buddha und Christus, 42-52.
[6] Vgl. Schlieter, Buddhismus, 10f.
[7] Vgl. Schlieter, Buddhismus, 12.
[8] Vgl. Ikeda, Buddhismus erstes Jahrtausend, 57.70.74.77.
[9] Vgl. Berzin, www.berzinarchives.com, 16.03.2014.
[10] Vgl. Schlieter, Buddhismus, 129.

weitestgehend neu war. Ein Hemmnis der Verbreitung stellte die Sprache dar, denn viele Ausdrücke des Buddhismus ließen sich nur schwer und nicht wörtlich übersetzen.[11] Des Weiteren kam es zu Konflikten mit dem Konfuzianismus, der die kaiserliche Regierung unter den Schutz des Himmels stellte, was uneingeschränkte Autorität bedeutete. Die buddhistischen Mönche kannten allerdings keine Verpflichtungen gegenüber weltlichen Mächten. Als Folge entstanden vorrangig Diskussionen über Steuern oder die traditionelle Respekterweisung des Verbeugens.[12]

Im 6.Jahrhundert nach Christus gelangte der Buddhismus über China nach Japan, wo er sich zunächst als Religion des Adels verbreitete. Doch schon 594 nach Christus wurde er zur Staatsreligion erhoben und somit fester Bestandteil des japanischen Alltags. Für diese Entwicklung war die Anpassungsfähigkeit des Buddhismus ausschlaggebend, die schon bei der Aufnahme in die chinesische Kultur einen zentralen Aspekt darstellte. In beiden Ländern wurden die einheimischen Traditionen teilweise in die Lehren mit aufgenommen. Auf diese Weise entstanden ortsgebundene Differenzen innerhalb des Buddhismus.[13]

Als der Buddhismus im 7.Jahrhundert die damalige Großmacht Tibet erreichte, verbreitete sich die buddhistische Lehre zunächst unter den Adligen und wurde dann von einheimischen Traditionellen stark kritisiert und seine Verbreitung zu verhindern versucht. Hier dauerte es recht lange, bis es zu einer Koexistenz der Religionen kam.

2.2.2 Aktuelle Verbreitungssituation

Der Buddhismus ist nach dem Christentum, Islam und Hinduismus die viertgrößte Weltreligion. Er umfasst schätzungsweise 360 Millionen Anhänger.[14] Diese Zahl ist schwer feststellbar, da der Buddhismus keine organisierte Religion wie beispielsweise das Christentum ist und in diesem Sinne über keine Leitung verfügt. Außerdem ist es in vielen asiatischen Ländern möglich, ja sogar üblich, mehreren Religionen verbunden zu sein; dies macht die Zuordnung unmöglich.[15]

Obwohl der Buddhismus seinen Ursprung in Indien hat, wurde er hier weitestgehend vom Hinduismus verdrängt. Hauptgebiete des Buddhismus sind die asiatischen Länder China, Japan, Kambodscha, Laos, Mongolei, Myanmar, Sri Lanka, Südkorea, Taiwan, Thailand,

---

[11] Vgl. Bauer, chinesische Philosophie, 157-159.
[12] Vgl. Schlieter, Buddhismus, 129f.
[13] Vgl. Brüll, japanische Philosophie, 1-3.
[14] Vgl. Michaels, Buddha: Leben, Lehre, Legende, 7.
[15] Vgl. Freiberger, Buddhismus: Handbuch und kritische Einführung, 140.

Tibet und Vietnam; die Richtungen und Schulen des Buddhismus sind länderspezifisch unterschiedlich.[16]

Auch in Europa und Amerika ist der Buddhismus angekommen und zählt ein paar Angehörige. Doch ordnet man ihn nach westlichem Denken eher als Philosophie ein und so leben die Wenigsten nach buddhistischen Regeln. Es handelt sich meist eher um Sympathisanten der buddhistischen Ethik.[17]

2.3 Überlieferung

Der Buddhismus kam in einem vom Hinduismus geprägten Umfeld auf. In dieser Religion war die gesprochene Sprache sehr wichtig und so seien auch einige Mönche in der Lage gewesen Buddhas Predigten wortgetreu wiederzugeben. Weder Buddha selbst noch einer seiner Anhänger hat zu seinen Lebzeiten Lehrinhalte schriftlich festgehalten.[18]

Im Jahr von Buddhas Tod wurde ein Konzil zwischen fünfhundert Mönchen abgehalten. Diejenigen, die die meiste Zeit mit Buddha verbracht hatten, trugen jedes Wort, das ihnen im Gedächtnis geblieben, ist der Gruppe vor. Nach einer Prüfung auf Stimmigkeit folgte eine gemeinsame Rezitation; der Überlieferung zufolge solange, bis jeder Mönch die Worte der Predigten auswendig kannte und somit die Erlaubnis hatte sie weiterzugeben. Einhundert Jahre später folgte ein zweites Konzil, das siebenhundert Mönche umfasst haben soll. Es wurde abgehalten, da die Forderungen einer Gruppe von Mönchen nach einer Lockerung der asketischen Regeln abgelehnt wurden. In Folge dieses Konzils traten die ersten Spaltungen, das heißt Schulen des Buddhismus auf.[19]

Frühestens 150 Jahre nach Buddhas Tod begann man seine Lehren schriftlich festzuhalten. Die ersten vollständigen Texte, die es erst im fünften Jahrhundert nach Christus gab, werden Pali-Kanon[20] genannt. Obwohl sie durch die Einstellung der buddhistischen Schule, die sie erstellte, geprägt und damit keine genaue Wiedergabe der Worte Buddhas sind, so bleiben sie doch die wichtigste Quelle.[21]

---

[16] Vgl. Pawlak, http://www.helles-koepfchen.de/artikel/2847.html, 16.03.2014.
[17] Vgl. Ganter, http://www.buddha-infos.de/Vebreitung-des-Buddhismus.html, 16.03.2014.
[18] Vgl. Schlieter, Buddhismus, 25.
[19] Vgl. Ikeda, Buddhismus erstes Jahrtausend, 11.23.35.40.
[20] Pali ist ein indischer Dialekt, allerdings nicht der, der von Buddha gesprochen wurde.
Vgl. Mensching, Buddha und Christus, 17.
[21] Vgl. Schlieter, Buddhismus, 25f.

3 Lehrinhalte: Der Lösungsweg und sein Ziel

3.1 Das Nirwana

Das Nirwana ist das endgültige Ziel eines jeden Buddhisten. Es ist „der Zustand seliger Ruhe, in die der Erlöste eingeht"[22] und bezeichnet somit keinen Ort, obwohl der Erlöste die „gewöhnliche(…) Erscheinungswelt"[23] verlässt. Er nimmt keine Vielfalt mehr wahr und hat das Ende des Leidens, also auch das Ende der Geburtenkette, erreicht.[24]

Das Wort Nirwana wird übersetzt als „Auslöschen einer Kerze" und so wird oft behauptet es handle sich dabei um das Nichts. Tatsächlich ist eine Wirklichkeit gemeint: Setzt man „die Welt des Gewordenen, Gestalteten und die Welt des Ungewordenen und Ungestalteten"[25] gegenüber, so ist das Nirwana diese zweite Welt.

Das Nirwana lässt sich wiederum in zwei Arten aufteilen: die des Lebens, in der ein Rest von Eigenschaften bleibt und die nach dem Tod, in der endgültig eine Wiedergeburt ausgeschlossen ist.[26] Wer das Nirwana erreicht hat wird als Buddha bezeichnet, in dieser Hinsicht ist der historische Buddha Gautama nur einer von Vielen. Eine Hauptrichtung des Buddhismus, das Mahayana, bildete eine Lehre aus, die letztlich besagt, dass die Buddhas nicht vollends aus der Erscheinungswelt austreten, denn sie besitzen drei Körper, von denen nur einer in diesem Sinne stirbt. Der zweite besteht in den höchsten Sphären weiter und der dritte verweilt als eine besondere Art von Schatten in der gewöhnlichen Welt.[27]

3.2 Die vier Wahrheiten

Die vier Wahrheiten kann man als Kern aller buddhistischen Schulen bezeichnen.[28] Sie waren Hauptbestandteil Buddhas erster Predigt und werden auch als „Vier heilige Wahrheiten" oder „Vier edle Wahrheiten" benannt.[29]

Die erste Wahrheit beschreibt das Wesen und die Allgegenwart des Leidens: „Was ist Leiden? Die Geburt ist Leiden, das Alter auch, die Krankheit auch, der Tod auch. Auch das Verbundensein mit Nichtliebem und das Getrenntsein von Liebem ist Leiden. Und daß

---

[22] F.A. Brockhaus, Brockhaus, 184.
[23] Bauer, chinesische Philosophie, 178f.
[24] Vgl. Schlieter, Buddhismus, 76.109.
[25] Mensching, Buddha und Christus, 96.
[26] Vgl. Mensching, Buddha und Christus, 97f.
[27] Vgl. Bauer, chinesische Philosophie, 179f.
[28] Vgl. Kellner, Denkt Asien anders? , 15.
[29] Vgl. Mensching, Buddha und Christus, 117.

man wünscht und trachtet und nicht erlangt, auch das ist Leiden. [...]"[30] Sie besagt, dass Leiden in allem vorhanden ist und somit auch in jedem Menschen.

Die zweite Wahrheit gibt eine Kurzfassung der Ursache des Leidens an: „Was ist die Entstehung des Leidens? Es ist jener Durst, der von Wiedergeburt zu Wiedergeburt führende, von Freude und Leidenschaft begleitete [...]: der Durst nach Lust, der Durst nach Werden, der Durst nach Aufhören des Werdens. Das ist die Entstehung des Leidens."[31] Mit dem Durst ist Lebenshang gemeint. Der Mensch klammert sich an sein Dasein und handelt diesem Verlangen entsprechend, was die Anhäufung von Karma bedeutet, welches wiederum zu einer erneuten Wiedergeburt führt.[32]

Die dritte Wahrheit gibt an, in welcher Form das Leiden ein Ende finden kann: „Was ist die Aufhebung des Leidens? Es ist eben die restlose Unterdrückung und Aufhebung jenes von Wiedergeburt zu Wiedergeburt führenden, [...] in der Geburt hervortretenden und beim Tode zurückkehrenden Durstes. Das ist die Aufhebung des Leidens."[33] Obwohl diese Wahrheit im Grunde schon darauf eingeht, wie man sich gegen das Leiden schützen kann, nämlich indem man den eigenen „Durst" vernichtet, so schließt man aus ihr zunächst die Tatsache, dass es überhaupt möglich ist dem Leiden zu entkommen. Sie stellt die Existenz eines Lösungsweges heraus.

Wie dieser Weg auszusehen hat, beschreibt die vierte Wahrheit: „Was ist der zur Aufhebung des Leidens führende Weg? Es ist das der heilige achtteilige Pfad [...]."[34] Als letztes in der Reihe seiner Erfahrungen erkennt Buddha unter dem Bodhi-Baum den wohl wertvollsten Bestand seiner Lehre: den Weg, dessen Ende in das Nirwana führt.

3.3 Der achtfache Pfad

1. „rechtes Glauben": Dieser erste Pfad steht für das Wissen über die vier Wahrheiten und den Glauben an den rechten Weg. Das heißt auch für das Vertrauen in den buddhistischen Heilsweg.

2. „rechtes Entschließen": Es wird dazu aufgefordert die ethischen Verpflichtungen einzuhalten, zum Beispiel niemanden zu verletzen. Manche Schulen sehen in diesem Pfad auch die Aufforderung ein Mönch zu werden.

---

[30] Bauer, chinesische Philosophie, 170.
[31] Bauer, chinesische Philosophie, 170.
[32] Vgl. Mensching, Buddha und Christus, 123f.
[33] Bauer, chinesische Philosophie, 170.
[34] Bauer, chinesische Philosophie, 170.

3. „rechtes Wort": Dieser Pfad verweist auf achtsames Sprechen und bedachte Wortwahl. Man soll unter anderem nicht lügen.

4. „rechte Tat": Der vierte Pfad bezieht sich auf die Einhaltung der Lehre und der damit verbundenen ethischen Regeln.

5. „rechtes Leben": Befolgt man den vierten Pfad, so erreicht man automatisch auch den fünften. Dieser Umfasst die Nicht-Beeinflussung durch Unheilvolles, das heißt durch Elemente, die den ethischen Regeln nicht entsprechen.

6. „rechtes Streben": In der Ausübung dieses Pfades beseitigt man alle negativen Einflüsse. Man urteilt nicht und lässt sich nicht von seiner Wahrnehmung der Dinge leiten.

7. „rechtes Gedenken": Diese Stufe auf dem Weg zur Erlösung beschreibt die Konzentration. Vor allem in Bezug auf das aktuelle Sein und die Loslösung von weiterführenden Gedanken und Wahrnehmungen.

8. „rechtes Sichversenken": Dieser Pfad wird oftmals gleichgesetzt mit dem Erreichen und Erkennen des Nirwana. Somit bedeutet er Wissen, zum Beispiel dass man nicht mehr wiedergeboren wird, Ruhe und Einsicht.[35]

Diese acht Pfade wurden, wie die vier Wahrheiten, seit Buddhas erster Predigt verbreitet. Sie lassen sich in drei Heilswege einteilen. In ihnen werden die Pfade 1 und 2 dem erkennenden, 3-5 dem asketischen und 6-8 dem Heilsweg der Versenkung zugeordnet.[36] Die Versenkung wird durch Meditation hervorgerufen.

3.4 Die Geburtenkette

Samsara ist ein sanskritisches Wort, das für den Kreislauf aller Dinge steht. So fällt auch die Geburtenkette unter diesen Ausdruck. Die Vorstellung, dass alles Lebende nach seinem Tod wiedergeboren wird und immer neue Geburten folgen, hat der Buddhismus von den Upanishaden übernommen, deren Religion ungefähr 800 v. Chr. in Indien auftauchte. Auch dass das Samsara etwas Negatives ist, dessen Ende die Erlösung bedeutet, war schon bekannt.[37]

Da man in verschiedene Welten wiedergeboren werden kann[38], eventuell sogar als anderes Erscheinungswesen, zum Beispiel als Tier[39], liegt es nahe zu fragen was denn eigentlich

---

[35] Wortlaut der Pfade nach Mensching, Buddha und Christus, 137.
Erklärungen: Vgl. Schlieter, Buddhismus, 32-34.
[36] Vgl. Mensching, Buddha und Christus, 137.
[37] Vgl. Mensching, Buddha und Christus, 31.
[38] Vgl. Mensching, Buddha und Christus, 48.
[39] Vgl. Kellner, Denkt Asien anders?, 31f.

wiedergeboren wird. Es heißt der Mönch Nagasena hat auf diese Frage geantwortet „man werde weder als derselbe noch als ein anderer wiedergeboren. […] Die >>Kontinuität der Daseinsvorgänge<< erweckt dabei den Anschein, als gäbe es eine wirkliche Konstanz, eine Identität hinter den Phänomenen, die sich ins >>neue<< Leben erhielte. Das nächste Leben erhält aber nur den Anstoß aus dem hiesigen, ohne dass ein individuelles Wesen weiterwandert."[40] Es bleibt also nichts, sodass man sich nach erneuter Geburt an vorige Geburten nicht erinnert und nicht mehr der Selbe ist. Und es bleibt so viel, dass die Entwicklung zum Nirwana hin oder vom Nirwana weg sich durch mehrere Leben zieht. So heißt es von Jüngern eines Mönches, dass sie höchstens sieben Mal wiedergeboren werden bevor sie die Erlösung erlangen[41]. Außerdem war der Siddhartha Gautama bei seinem Erkennungserlebnis in der Lage sich an seine früheren Geburten zu erinnern, was zwangsläufig eine Übernahme bestimmter Dinge durch die Geburten bedeutet.

3.5 Die Karmabeeinflussung

Das Wort Karma aus dem buddhistischen Sanskrit bedeutet „Tat". Da Körper, Stimme und Geist nach dem Willen handeln, bezeichnet der Ausdruck eher die Tatabsicht. Das Nirwana beinhaltet das Versiegen des Verlangens und der Tatabsichten, da diese erst die zu vernichtende Gier und Leidenschaft hervorrufen.[42] Es gibt einen direkten Zusammenhang zwischen dem Karma und der Geburtenkette, denn jede Tat und jeder Gedanke haben einen moralischen Wert. Die Summe dieser Werte bestimmen, ob innerhalb eines Lebens gutes oder schlechtes Karma angesammelt wurde. Dem entsprechend wird man in einer höheren oder tieferen Ebene wiedergeboren.[43] Manche Schulen sprechen dabei auch von einem Himmel und einer Hölle, die natürlich nicht die letzte Instanz sind, sondern aus denen man durch erneutes Karma, Sterben und Wiedergeborenwerden wieder in neue Welten, beziehungsweise neue Ebenen gelangt. Erst wenn man das Nirwana erreicht hat, entrinnt man diesem Kreislauf. Dazu muss man in den meisten Schulen zunächst gutes Karma ansammeln, da man nur aus höheren Ebenen, nicht aber aus der Hölle, die Erleuchtung erreichen kann.[44]

---

[40] Schlieter, Buddhismus, 84.
[41] Mensching, Buddha und Christus, 48
[42] Vgl. Reclam, freier Wille, 313f.
[43] Vgl. Brüll, japanische Philosophie, 24f.
[44] Vgl. Mensching, Buddha und Christus, 153-155.

3.6 Der mittlere Weg

Den Aspekt, dass Siddhartha Gautama dem Asketismus entsagte, aber auch kein lustge-steuertes Leben führte, brachte er selbst in seinen Lehren unter. Seine Anhänger sollten genau wie er einen mittleren Weg finden und dass nicht nur im Bereich der Selbstpeini-gung, sondern auch in philosophischen Bereichen. Zum Beispiel gibt es weder Sein noch strenges Nicht-Sein, denn der richtige Weg liegt zwischen den beiden Annahmen.[45] Diese Wahrheit zwischen den Extremen wird von der Sanron-Schule, einer Schule des Mahaya-na, auch als Leere bezeichnet, da sich nicht feststellen lässt, wo genau die richtige Mitte liegt. Diese Schule schlussfolgert aus dem mittleren Weg, dass die Erkenntnis nur aus der Intuition heraus erfolgen kann.[46] So weit gehen aber längst nicht alle Schulen, vor allem der Hinayana nicht, der sich eher an Frömmigkeit und Disziplin orientiert.[47]

4 Pessimistische Züge des Buddhismus

4.1 Die zentrale Stellung des Leidens

Aus den vier Wahrheiten ergibt sich deutlich die zentrale Stellung des Leidens im Bud-dhismus. Die komplette Lehre läuft, wenn auch manchmal nur indirekt, auf eine Heilung vom Leiden hinaus.

Bestünde dieses Leiden nicht, gäbe es auch keinen Grund für eine Heilung. Dem Vorwurf mancher westlicher Kritiker, man würde erst durch die Lehre der Heilung selbst erfahren, von welchem Leid man erlöst werden solle, kann man das Argument entgegenstellen, dass es sich bei dem Leiden um die Phänomene Alter, Krankheit und Tod handelt, welche von jedem als Leiden erkannt und erfahren werden.[48]

Tatsächlich sind mit dem Leiden auch persönliche leidvolle Erfahrungen gemeint, vor al-lem aber ein Unheil, das schlechte wie gute Empfindungen umfasst[49]. Denn durch Wahr-nehmung „entsteht Lust, die Lust drängt zur Wiederholung, und genau dieser Wiederho-lungszwang ist der gierige und zugleich fesselnde Durst"[50]. Auch das Nichtwissen wird als Ursache des Leidens angesehen, denn durch assoziierte Gefühle verfälschte Wahrnehmun-gen entfernen den Menschen von der Wirklichkeit; es ist also kein Mangel an Bildung oder Intelligenz gemeint. Eine Spitze des Leidens bildet die Geburtenkette, die das Andauern

---

[45] Vgl. Schlieter, Buddhismus, 20f.
[46] Vgl. Brüll, japanische Philosophie, 30f.
[47] Vgl. Ikeda, Buddhismus erstes Jahrtausend, 129.
[48] Vgl. Schneider, Religion, 105.
[49] Vgl. Mensching, Buddha und Christus, 116f.
[50] Schlieter, Buddhismus, 29.

des Leides beschreibt, wodurch das Unheil in Vergangenheit, Gegenwart und Zukunft all-gegenwärtig ist.[51] Der Buddhismus benennt auch das Festhalten an einer Ich-Vorstellung als ein Fördermittel des Leidens, denn indem wir Geschehnisse auf uns beziehen, lösen wir Empfindungen aus. Unser Selbstbild sei eine individuelle, durch eigene Handlungen er-schaffene Konstruktion, die dazu führe, dass an Vorstellungen und auch Besitztümern fest-gehalten werde, die fälschlicherweise als eigen erachtet werden würden.[52] Die Nicht-Ich-Lehre fordert die Überwindung der Identifikation mit zum Beispiel dem Körper oder dem Bewusstsein.[53]

4.2 Das Samsara

Das in Kapitel 3.4 (Geburtenkette) angesprochene Samsara bezeichnet nicht nur die durch das Karma beeinflussten Wiedergeburten, sondern das allgemeine Entstehen in Abhängig-keit. Jede Tat oder Tatabsicht hat eine Folge, auf die wiederum etwas folgt. So lösen zum Beispiel Wahrnehmungen über die Sinne Empfindungen aus, aus denen der Durst entsteht, der wie in Kapitel 4.1 beschrieben letztlich zu neuen Leiden führt.[54] Diese Kette lässt sich durch Meditation unterbrechen, indem man Sinneseindrücke zwar aufnimmt, aber dank einer gleichgültigen Haltung keine Folgen aufkommen lässt.[55] Nun kann man behaupten, Sinneseindrücke zu ignorieren ist schlecht, da man sich von der Wirklichkeit entfernt. Dem stellt der Buddhismus die Aussage gegenüber, dass unser Bewusstsein entscheiden würde, welche Wahrnehmungen von Bedeutung sind. In dieser Hinsicht würde erst durch das Be-wusstsein der Gegenstand geschaffen werden. Die Sinneswahrnehmungen und das darauf folgende Schaffen verändern die Informationen, sodass das Produkt nicht mehr der Wirk-lichkeit entspricht. Das Bewusstsein würde demnach Illusionen liefern und auf diese nicht zu reagieren wäre wiederum positiv.[56]

4.3 Der Buddhismus als Pessimismus

Der Buddhismus ist nach westlichem Verständnis eine eher pessimistische Religion (und Philosophie). Das Leiden als Grundbaustein der gesamten Lehre ist der offensichtlichste Aspekt. Doch hat auch der eben behandelte Determinismus, die Gesetzlichkeit von Ursa-

---

[51] Vgl. Mensching, 117.131.
[52] Vgl. Schneider, Religion, 118f.
[53] Vgl. Schlieter, Buddhismus, 39.
[54] Vgl. Schlieter, Buddhismus, 49-51.
[55] Vgl. Schneider, Religion, 129.
[56] Vgl. Brüll, japanische Philosophie, 33f.

che und Folge, eine ernüchternde Wirkung. Gilt er, kann es keinen freien Willen geben.

Tatsächlich verweist der Buddhismus hier auf den Mittleren Weg: weder unterliegt der Mensch einer vollständigen Gesetzlichkeit, noch ist er in seinen Handlungen stets frei; seine Freiheit beschränkt sich auf die Wahl zwischen Alternativen innerhalb des „bedingten Entstehens"[57].

Enttäuschen mag auch die Tatsache, dass weder Buddha noch heutige Mönche eine persönliche Seelsorge bieten. Das Leiden wird immer verallgemeinert und als Unheil aller Welten zu überwinden versucht. Für individuelle Leidensfälle kann man im Buddhismus keinen Trost erwarten.[58] Manch einer mag es auch als pessimistisch einordnen, dass selbst Götter erlösungsbedürftig sind. Anhänger des Buddhismus bezeichnen sich lieber als Realisten[59] und wenn man sich vergangene und aktuelle Gräueltaten der Menschheit ins Gedächtnis ruft, möchte man ihnen Recht geben.

5 Strömungen und Schulen

5.1 Hinayana

Im Buddhismus differenziert man zwischen zwei Hauptströmungen: dem Hinayana, der „kleines Fahrzeug" bedeutet, und dem Mahayana, dem „großen Fahrzeug". Da diese Übersetzungen als Wertung verstanden werden können, wird für das Hinayana auch der Ausdruck Theravada gebraucht, welcher „Lehre der Ältesten" bedeutet. Das Hinayana vertritt aber in der Tat eine ichbezogenere Lehre[60], deswegen scheint mir dieser vorsichtige Namensgebrauch eher unnötig. Unter dem Hinayana und dem Mahayana bildete sich jeweils eine ganze Reihe von Schulen, die oft nur in den Lehrgrundsätzen und ethischen Einstellungen vergleichbar sind. Es existiert auch noch eine dritte Hauptrichtung, das Vajrayana, das „diamantene Fahrzeug". Dieses lässt sich von der Anhängerzahl nicht annähernd mit den beiden Anderen vergleichen und differenziert sich teilweise stark von der ursprünglichen Lehre, deshalb werde ich es hier nicht weiter ausführen.[61]

Heute sind hauptsächlich Länder südlich und östlich von Indien, zum Beispiel Sri Lanka, Kambodscha und Laos, vom Hinayana geprägt. In dem Kapitel 2.3(Überlieferungen) habe ich zwei Konzile behandelt, die der Festhaltung der Lehre dienten. Das zweite von ihnen hat wie erwähnt stattgefunden, weil eine Gruppe von Mönchen mit den Regeln der Or-

---

[57] Vgl. Reclam, freier Wille, 22.318.
[58] Vgl. Mensching, Buddha und Christus, 89.
[59] Vgl. Schneider, Religion, 107.
[60] Vgl. Mensching, Buddha und Christus, 2.
[61] Vgl. Bauer, chinesische Philosophie, 180.

densdisziplin nicht einverstanden war. Sie forderten Lockerungen wie zum Beispiel die Erlaubnis zur Aufbewahrung von Salz und zur Annahme von Geldalmosen. Diese Forderungen wurden abgelehnt und zur Verdeutlichung der alten Regeln ein zweites Konzil abgehalten.[62] Die Gruppe von Mönchen, die an den ursprünglichen Regeln und Disziplinen festhielt, wurde mit der Zeit Hinayana genannt[63].

Dieser Zweig gilt als der elitäre, egoistische Weg, denn hier ist es nur Mönchen möglich das Nirwana zu erreichen.[64] Wie ich in den Abschnitten 3.4 (Samsara) und 3.5 (Karma) erläuterte, hat man die Möglichkeit die Art des Wesens, als das man wiedergeboren wird, zu beeinflussen und so über mehrere Leben den Weg zum Nirwana zu gehen. Im letzten Leben vor dem Eintritt in das Nirwana müsste man laut dem Hinayana als Mönch die Lehre praktizieren. Demnach beschränkt sich diese „Diskriminierung" der Laien (gemeint sind Nicht-Mönche) auf eine zeitliche Festlegung des Erlösungszeitpunktes.

Der Vorwurf des Egoismus bezieht sich auch auf die Aussage des Hinayana, dass Buddha selbst unwichtig ist im Hinblick auf die Erlösung. Seine Lehren seien der entscheidende Weg und er selbst ein Glied in einer Reihe von Buddhas. Außerdem streben die Anhänger des Hinayana nach der Erlösung für sich selbst, ab einer gewissen Stufe der Versenkung ist die Liebe zum Nächsten nicht mehr notwendig. Obwohl das letzte Moment der Erkenntnis von einer höheren Instanz vergeben werde, diese könne nicht weiter definiert werden, ist jeder selbst verantwortlich für sein Heil und muss diesem aus eigener Kraft entgegenkommen.[65]

5.2 Mahayana

5.2.1 Entstehung

Das Mahayana ist der größere Zweig, es machte den Buddhismus zur Weltreligion, indem es ihn zum Beispiel in China und Japan verbreitete[66]. Die Hauptursache dafür ist die Distanzierung vom Mönchtum und Öffnung in Richtung des Normalbürgers und Familienmitgliedes.[67]

Im Kapitel 5.1 (Hinayana) habe ich den Konflikt, der zur Einberufung des zweiten Konzils führte, wieder aufgegriffen. Die Gruppe von Mönchen, die sich als Anhänger des ur-

---

[62] Vgl. Ikeda, Buddhismus erstes Jahrtausend, 35-39.

[63] Vgl. Ikeda, Buddhismus erstes Jahrtausend, 43.

[64] Vgl. Bauer, chinesische Philosophie, 180.

[65] Vgl. Mensching, Buddha und Christus, 164f.

[66] Vgl. Mensching, Buddha und Christus, 18.

[67] Vgl. Bauer, chinesische Philosophie, 180f.

sprünglichen Buddhismus verstanden, aber keine Notwendigkeit in scheinbar übertriebenen asketischen Regeln sahen, nannten ihren Weg Mahayana. Das „große Fahrzeug" ist demnach als Reaktion auf das Hinayana entstanden, so ist es für das Verständnis des Mahayana notwendig die Lehren beider Richtungen zu kennen[68].

5.2.2 Eine altruistische Tendenz: Bodhisattvas und Götterglaube

Laut der Theorie der drei Leiber (siehe Kapitel 3.1) verlässt ein Buddha beim Erreichen des Nirwana die Welt nicht vollständig. Zusätzlich hat das Mahayana Buddha auf eine göttliche Ebene gehoben und sein Leben mit zahlreichen Wundern ausgeschmückt[69]. Sicherlich kam diese Darstellung den Anforderungen der Bürgerschaft an eine Religion näher als die des Hinayana und sollte zu der Verbreitung beigetragen haben; ebenso die hohe Anpassung des Mahayana an andere vorherrschende Religionen. Ein geeignetes Beispiel ist Thailand, wo mehrere hinduistische Gottheiten als Gefolge Buddhas in buddhistischen Tempeln auftauchen[70]. Götter sind im Buddhismus Wesen, die aufgrund ihrer Taten (Karma) in der Himmelswelt wiedergeboren wurden. Sie sind genau wie Menschen und Tiere erlösungsbedürftig. Auch Buddha sei vor seiner letzten Geburt ein Gott gewesen.[71]

Die wohl bedeutendste Abgrenzung des Mahayana zum Hinayana ist die Existenz von Bodhisattvas, denn diese bringt den Aspekt der Nächstenliebe mit sich. Ein Bodhisattva nennt sich nämlich jemand, der die Erkenntnis schon erfahren hat, jedoch bewusst nicht in das Nirwana eintritt um auf der Erde weiterhin die Lehre verbreiten und allen Menschen einen Weg in die Erlösung ebnen zu können[72]. So jemand besitzt festgelegte Tugenden wie Sanftmut, Weisheit und vollkommene Versenkung und stellt das Wohl Anderer über sein eigenes, so schwört er im Geburtenkreislauf zu verweilen bis alle Menschen erlöst sind.[73]

Wichtig ist außerdem, dass jeder Mensch bodhisattva werden oder das Nirwana erreichen kann, ungeachtet seines Karmas aus vorherigen Leben. Es wird also kein Mönch-Dasein verlangt.[74]

---

[68] Vgl. Brüll, japanische Philosophie, 26.
[69] Vgl. Mensching, Buddha und Christus, 18.
[70] Vgl. Mensching, Buddha und Christus, 179.
[71] Vgl. Mensching, Buddha und Christus, 119.
[72] Vgl. Bauer, chinesische Philosophie, 181.
[73] Vgl. Schlieter, Buddhismus, 90-92.
[74] Vgl. Bauer, chinesische Philosophie, 181.

5.2.3 Der Zen-Buddhismus

Der Zen- (chinesisch: Chan-) Buddhismus ist eine Unterschule des Mahayana, die beson-
ders in China und Japan vorherrscht. Sie entstand als Reaktion auf die komplizierte Ein-
gliederung des Mahayana in chinesische Kulturen, die vor allem auf Übersetzungsschwie-
rigkeiten beruhte. Es gab eine große Anzahl von Schulen, die alle versuchten mit abstrak-
tem Denken ihre Lehren zu stützen. Zen bezieht sich nicht auf Literatur, sondern auf direk-
te, intuitive Erfahrungen. Gemeint ist die Meditation; dabei wird die ebenfalls praxisorien-
tierte Erleuchtungserfahrung des Buddha als Vorlage gebraucht.[75]

Ich möchte hier nicht darauf eingehen wie Meditation funktioniert, aber darauf hinweisen,
dass jede buddhistische Schule eine theoretische und eine praktische Seite besitzt. Zen
setzt Letzteres in den Fokus und wurde durch diese Tatsache und seine teilweise drasti-
schen Erweckungsmethoden in China beliebt und im Westen bekannt.[76]

6 Buddhistische Philosophie

6.1 Ein Bezug zur westlichen Philosophie

Der Vergleich des Buddhismus mit der westlichen Philosophie ist noch relativ neu. Erst in
der zweiten Hälfte des 19. Jahrhunderts wurde durch Nishi Amane ein japanischer Begriff
für Philosophie eingeführt. Er heißt tetsugaku und bedeutet wörtlich „Weisheitslehre".
Große Unterschiede, die zu diesem späten Zusammenfinden geführt haben könnten, sind
zum Beispiel die im Gegensatz zu Europa, wo ihr Fortschritt die Philosophie signifikant
beeinflusste, minimale Auseinandersetzung mit Naturwissenschaften und Technologien.
Eine grundlegende Differenz stellt auch die Substantialität dar. Die westliche Philosophie
erforschte die Frage, ob etwas ist oder nicht ist und unter welchen Kriterien man von einem
substantiellen Dasein sprechen kann, umfassend. Der Buddhismus legte den Schwerpunkt
auf den Beweis des substanzlosen Vergänglichen als einzig mögliche Erscheinungsform.[77]
Die Stellung des europäischen Kriteriums der „Vernunftbegabtheit" zur ethischen Einord-
nung von Wesen wird im Buddhismus von der „Empfindungsfähigkeit" eingenommen.
Dies führte auch innerhalb des Buddhismus zu unterschiedlichen Betrachtungen von Pflan-
zen und Tieren.[78]

---

[75] Vgl. Brüll, japanische Philosophie, 53f.
[76] Vgl. Bauer, chinesische Philosophie, 222-226.
[77] Vgl. Brüll, japanische Philosophie, Xf. 14.
[78] Vgl. Kellner, Denkt Asien anders?, 40f.

Die grundlegenden Unterschiede der Philosophien bieten Raum für Missverständnisse und Skepsis: Das Schweigen Buddhas auf viele metaphysische Fragen erklären buddhistische Schulen zwar unterschiedlich, doch mehrheitlich einig in dem Punkt, dass diese Fragen nicht heilsrelevant sind. Philosophen des Westens begegnen dieser Annahme stets kritisch, genauso dem Lehrinhalt, dass unsere Wahrnehmungen nur Illusionen sind. Denn logisch scheint eine gemeinsame Welt unmöglich, wenn jeder einzelne „seine Welt" imaginiert. Darauf antwortet der Buddhismus mit dem abhängigen Entstehen, das zu einem Bewusstseinsstrom führt, der bei jedem Menschen eine gleiche Basis erhält und somit Differenzen zwischen den individuellen Wahrnehmungen einschränkt.[79]

Auch wenn das Fehlen einer übernatürlichen Begegnung im Buddhismus auf der Ebene der Religionen ein Gegenstück zum christlichen Glauben bildet,[80] so lassen sich auf philosophischer Ebene Gemeinsamkeiten daraus herleiten. Denn die Vorstellung der erlösenden Erkenntnis auf dem Weg zum Nirwana ähnelt einem Verlassen der Höhle in Platons Höhlengleichnis. So sähe der Mensch die reale Welt erst nach einer Überwindung der Karmabeeinflussung und der illusionären Wahrnehmung.

6.2 Das Tetralemma

Nagarjuna war ein Buddhist aus dem 2.Jahrhundert nach Christus, der fremde Positionen auf philosophische Weise untersuchte und so den Buddhismus näher erklärte. Vor allem für das Mahayana hat er noch heute eine große Bedeutung, denn er gründete die Schule des Mittleren Weges. Seine Schriften zu diesem Thema reichen aber über das in Kapitel 3.6 angesprochene Sein und Nicht-Sein hinaus, denn er fügte noch zwei weitere Aspekte hinzu:[81]

„Alles ist tatsächlich [*tathya*], ist nicht-tatsächlich, ist tatsächlich und nicht-tatsächlich, ist weder tatsächlich noch nicht-tatsächlich: das ist die den Buddhas gemäße Lehre."[82]

Dies ist nur ein Beispiel für das Tetralemma. Die vierfache Logik Nagarjunas lässt sich auf mehrere Fälle anwenden. Aufgrund der offensichtlichen Widersprüche wurde sie von westlichen Philosophen nicht akzeptiert. Laut dem Buddhismus lägen, wenn man die Gesamtheit der Dinge betrachtet, allerdings keine Widersprüche vor.[83] Das Tetralemma würde nur die Distanz zu Extremen verdeutlichen und so zum Mittleren Weg führen. Die Wahrheit

---

[79] Vgl. Schlieter, Buddhismus, 71f.112.
[80] Vgl. Schneider, Religion, 121.
[81] Vgl. Schlieter, Buddhismus, 100.105.
[82] Walleser, Mittlere Lehre, 107.
[83] Vgl. Kellner, Denkt Asien anders?, 77f.86.

liege zwischen den vier Aussagen und wäre somit nicht konkret definierbar.[84] Dies stellt eine Verbindung zur Nicht-Ich- und Karma-Lehre da, denn laut dem Tetralemma soll man an keiner der Positionen festhalten.

7 Fazit

Der Buddhismus steht im starken Kontrast zu westlichen Religionen. Es lassen sich auch Gemeinsamkeiten finden, doch werden grundlegend verschiedene Zugangspunkte geboten. Auch philosophisch gesehen werden verschiedene Themenfelder bearbeitet und allgemeine Fragen unterschiedlich erklärt. Zweifellos ist eine verbindende, gemeinsame Betrachtungsweise der Philosophien nicht nur interessant, sondern auch erkenntnisfördernd[85].

Die Studie buddhistischer Grundlagen reicht zumindest bei mir nicht aus um die Skepsis gegenüber dem Tetralemma und der Lehre der illusionären Wahrnehmung zu beseitigen. Die Erklärung dieser Lehrinhalte mithilfe des Mittleren Weges erscheint mir auf Dauer zu simpel: Eine Zulassung von scheinbar offensichtlichen Widersprüchen passt nicht zu den westlichen Grundlagen und ist somit nur schwer verständlich. Die korrekte Betrachtung dieser Lehren muss von einem buddhistischen Standpunkt aus erfolgen, deshalb erscheinen sie mir ungeeignet zur Erläuterung der allgemeinen buddhistischen Position: hat man die Position verstanden, ist auch das Verständnis dieser Lehren möglich, dann allerdings im Sinne der Funktion der Erklärung überflüssig.

Mich fasziniert die Vorstellung einer Geburtenkette, dessen Ende positiv sein soll. Schließlich trägt jedes Lebewesen den Instinkt des Überleben-Wollens in sich und eine Wiedergeburt sichert das Überleben. Dass die Selbsterlösung vom Leiden gewichtiger als das Verlangen nach Leben sein soll, ist bewundernswert. Diese Ansicht trifft wie wir wissen auf den Mahayana nicht zu, in dem ein Teil der Person auf der Erde zurückbleibt.

---

[84] Vgl. Brüll, japanische Philosophie, 29f.
[85] Für eine detaillierte Schilderung der Begegnung westlichen Denkens mit buddhistischen Lehrinhalten möchte ich auf die Arbeiten Kitaro Nishidas und diesbezügliche Sekundärliteratur verweisen. s. Bibliographie.

8 Bibliografie

Bauer, W., Geschichte der chinesischen Philosophie: Konfuzianismus, Daoismus, Bud dhismus; Ess, München (2006) 2009.

Berzin, A., Buddhism and Its Impact on Asia, Cairo 1996, http://www.berzinarchives.com/web/de/archives/study/history_buddhism/general_h istories /spread_buddhism_asia.html, 16.03.2014.

Brockhaus, F.A., Der Brockhaus in zwei Bänden, Wiesbaden 1977.

Brüll, L., Die japanische Philosophie: Eine Einführung, Darmstadt (1993) 2005.

Elberfeld, R., Kitaro Nishida (1870-1945): Moderne japanische Philosophie und die Frage nach der Interkulturalität, Amsterdam 1999.

Freiberger, O., Kleine, C., Buddhismus: Handbuch und kritische Einführung, 2010.

Ganter, A., Verbreitung des Buddhismus: Die Lehre Buddhas eine Weltreligion?, http://www.buddha-infos.de/Vebreitung-des-Buddhismus.html, 16.03.2014.

Ikeda, D., Buddhismus: Das erste Jahrtausend, München (1986) 2003.

Kellner, B., Denkt Asien anders?: Reflexionen zu Buddhismus und Konfuzianismus in Indien, Tibet, China und Japan; Weigelin-Schwiedrzik, Göttingen 2009.

Mensching, G., Buddha und Christus, Tworuschka, Breisgau 2001.

Michaels, A., Buddha: Leben, Lehre, Legende; 2011.

Pawlak, B., Der Buddhismus: Die großen Weltreligionen – Teil 5, http://www.helles-koepfchen.de/artikel/2847.html, 16.03.14.

Reclam, Hat der Mensch einen freien Willen?: Die Antworten der großen Philosophen, Stuttgart 2007.

Schlieter, J., Buddhismus zur Einführung, Hamburg (1997) 2001.

Schneider, H.-J., Religion, Birnbacher, Berlin 2008.